Inhalt

Der IT-Markt stagniert - Die Bedeutung von IT-Security nimmt zu

Kernthesen

Beitrag

Fallbeispiele

Weiterführende Literatur

Impressum

Der IT-Markt stagniert - Die Bedeutung von IT-Security nimmt zu

M. Westphal

Kernthesen

- Die zunehmende Verbreitung des Internets sowie die Vernetzung der Unternehmen untereinander machen den Einsatz von IT riskant; somit hat sich IT-Sicherheit vom Kellerkind zum Vorstandsthema entwickelt.
- Hacker, Viren und Industriespione fügen den Unternehmen zunehmend Schäden wachsenden Ausmaßes zu.
- In naher Zukunft wird eine wahre Flut von Spam die E-Mail-Postfächer der Welt belasten.

Beitrag

Gefahren und Risiken der Globalisierung des Internets

Die Informations- und Internet-Technologie verbreitet sich immer stärker in Wirtschaft und Gesellschaft und führt damit zu einem fundamentalen Wandel in den Geschäftsprozessen von Unternehmen. IT-Systeme werden zunehmend zum Kunden (Internet-Banking und -Brokerage), zu Mitarbeitern (Teleworking) und zu Partnern (Zulieferer und Verbundpartner) geöffnet. Das hat dazu geführt, dass einige Applikationen und Daten nicht mehr nur unternehmensintern, sondern auch für Externe verfügbar sind.

Auf der CeBIT 2003 war das Thema IT-Sicherheit ein zentrales Thema, denn bereits fast 60 Prozent der deutschen Unternehmen sind Opfer von Hackern und Saboteuren geworden. Dabei geht der Schaden für die Firmen nicht nur von Cyberkriminellen aus, die mittels Viren oder Würmern die EDV- und E-Mail-Systeme der Firmen zum Absturz bringen und Mega-Server in die Knie zwingen. Ein nennenswerter Schaden entsteht den Unternehmen auch durch den Ausfall von Software-Programmen und Netzwerken,

Diebstahl vertraulicher Daten, Internet-Missbrauch durch Mitarbeiter oder das Verschwinden portabler Geräte.

Das Anwachsen der Schadenshäufigkeit und -höhe ist auf mehrere Entwicklungen zurückzuführen:
- Wenn wesentliche IT-Systeme ausfallen oder ihre Funktionen beeinträchtigt sind, kann das nahezu den gesamten Geschäftsbetrieb lahm legen.
- Die Medien sind inzwischen weitaus sensibler, so verursachen Sicherheitsvorfälle häufig hohe Imageschäden.
- Die hohe Vernetzung der IT-Systeme hat eine schnellere und weitere Ausbreitung der Schäden zur Folge.
- Die Regressansprüche, die sich aus Systemausfällen und -beeinträchtigungen ergeben, orientieren sich an den tendenziell gewachsenen Schadenshöhen auf Kundenseite.
- Durch die Öffnung der IT-Systeme zu Kunden, Mitarbeitern, Verbundunternehmen und Partnern erweitert sich drastisch der Personenkreis derer, die potenziell darauf zugreifen können.
- Die Schnittstellen zwischen beteiligten IT-Systemen werden durch das Outsourcing von Funktionen und Geschäftsbereichen in neue Gesellschaften erhöht.
- Der sichere Betrieb aller Systeme wird durch die steigende Anzahl, Komplexität und Heterogenität der Systeme erschwert.

- Der Missbrauch, die unberechtigte Systemnutzung, der unerlaubte Datenzugriff und die Angriffe von innen sind nicht zu vernachlässigen.
- Die Angriffsmethoden der professionellen Hackerszene werden zunehmend taktisch verfeinert; darüber hinaus werden das Hackerwissen ebenso wie Hackertools über das Internet verbreitet, was auch technisch weniger versierte Personen in die Lage versetzt, eine erfolgreiche Penetration durchzuführen. (1)

Risiken bestehen in
- Aufdeckung und Verbreitung von vertraulichen Firmendaten.
- Diebstahl von geschäftsrelevanten Kunden- und Partnerinformationen.
- Diebstahl von Entwicklungs- und Produkteinformationen wie Herstellverfahren, Preisgestaltung usw.
- Aufdeckung und Verbreitung von vertraulichen Personendaten wie z. B. Patienteninformationen.
- Imageschädigung und Vertrauensverlust.
- Einnahmeverlust bei E-Business-Systemen.
- Produktivitätsverlust der internen Mitarbeiter.

Es wird von einer hohen Dunkelziffer ausgegangen, da viele Schadensvorfälle entweder nicht gemeldet oder aber nicht einmal entdeckt würden.

Risiken entstehen auch durch die Globalisierung, insbesondere der E-Business-Aktivitäten, da für die Schadensfälle nicht nur nationales, sondern auch internationales oder ausländisches Recht zur Anwendung kommen kann.

Hacker, Viren und Würmer: Die Schäden nehmen zu

Aufgrund des Ausbaus des Internet ist die Verbreitungsgeschwindigkeit von Daten wie Viren und Würmern deutlich gestiegen.

Zwar zählen Virenscanner und Firewalls heute zum Standard der Schutzmauern in Unternehmen gegen "feindliche" Übergriffe, sie wiegen die Unternehmen aber auch in trügerischer Sicherheit. Wesentliches Problem sind die erlaubten Öffnungen in den Firewalls, beispielsweise für E-Mail-Kommunikation. Gerade diese Schwachstellen werden von professionellen Angreifern ausgenutzt, unbemerkt in das Unternehmensnetzwerk einzudringen.

Zu beachten ist, dass Hacker inzwischen häufig Jugendliche und junge Erwachsene sind, die es einfach aus Geltungsbedürfnis oder Lust am

Vandalismus machen. Bevorzugt führen Hacker ihre Attacken wochentags zwischen 7 und 20 Uhr Ortszeit durch.

Die größten Schäden entstehen, weil bekannte Schwachstellen nicht durch - von den Software-Firmen bereits bereitgestellten - Lösungen wie Patches beseitigt werden. Alleine im Jahre 2002 hat Ernst&Young 2524 Schwachstellen in Software gefunden, was 81 Prozent mehr ist als im Jahr zuvor, allerdings ist es den Unternehmen einfach zu teuer, alle Schwachstellen auszubessern. Sie setzen Prioritäten um die größten Risiken mit vertretbaren Kosten zu beseitigen.

Auch unverschlüsselte Wireless LANs sind in Deutschland immer noch an der Tagesordnung und bieten kaum Schutz gegenüber Eindringlingen, die darüber hinaus auch nur schwer aufgespürt werden können. Als sinnvolle Vorsichtsmaßnahme würde neben sicherer Verschlüsselung schon der Betrieb in einer eigenen abgeschotteten Zone (anstelle des internen Netzwerks) die Sicherheit erhöhen. [2] An Bedeutung gewinnt dieser Faktor zudem dadurch, dass viele WLANs von Mitarbeitern privat angeschafft und am Arbeitsplatz installiert wurden.

Spam verstopft E-Mail-Postfächer

Der Kampf gegen Spam-Mails besitzt für die ISPs (Internet Service Provider) höchste Priorität. Diese Spam-Mails, die meist in Verknüpfung mit Werbung auftreten, aber auch in der Form reiner Betrugs-Mails, einzig mit dem Ziel, den Empfänger mit windigen Angeboten um sein Erspartes zu bringen oder Mails pornografischen Inhalts, sollen mit Hilfe von Host-basierten Filtertechniken geblockt werden.

Als Spam werden alle Arten von Massen-Mails bezeichnet. Die Abkürzung SPAM hat ihren Ursprung in der Bezeichnung Spiced Pork and Ham der Firma Hormel Foods. Die Verwendung dieses Begriffs für Massen-E-Mails geht vermutlich auf einen Monty Python-Sketch zurück, in dem eine Kundin in einem Cafe leider vergeblich versucht, ein Gericht ohne Spam zu bestellen. Offizielle Abkürzungen für unerwünschte Werbe-Mails sind UCE (Unsolicited Commercial Electronic Mail) oder UBE (Unsolicited Bulk E-Mail). (3)

Die Betrüger und Werber beschaffen sich häufig auf recht zweifelhafte Weise die Mail-Adressen. Darüber hinaus deuten die technisch raffinierten Methoden der Spam-Verbreiter darauf hin, dass sich wie im Virenumfeld ein Wettkampf zwischen Spammern und deren Bekämpfern anbahnt. Mail-Adressverzeichnisse werden auch per Spam im Internet zum Kauf angeboten, außerdem nutzen Werber die Möglichkeiten, Online-Verzeichnisse anzuzapfen und zu kopieren.

In der Verbreitung bedienen sich die Spammer Tools, die das Internet nach offenen SMTP-Ports scannen, um diese Server dann für ein unbesehenes Weiterleiten eingehender Mails zu nutzen. So kann der Zugriff der Behörden vermieden werden, da der wahre Absender kaum identifizierbar ist. Ebenso können die häufig noch ungeschützten Ports von drahtlosen WLAN-Netzen genutzt werden, die Massen-Mails auf den Server zu schleusen, der sie dann weiterleitet, bevor es der Administrator überhaupt merkt. Wenn man den Absender nicht identifizieren kann, hilft auch die beste Rechtslage nicht weiter, Geschädigte zu schützen. Oft bleibt nur die Änderung der Mail-Adresse. (3)

Ebenso in den Bereich der Spam-Mails gehören Nachrichten mit gefälschter Absender-ID, die zu Verwirrungen bei den Adressaten führen kann. (3)

Backoffice-Systeme

Nicht nur die via Internet zugänglichen Bereiche müssen abgesichert werden, sondern auch die dahinter liegenden Backoffice-Systeme wie Warenwirtschaftssysteme oder Kundendatenbanken. Eine Lösung kann eine mehrstufige Architektur sein, bei der die einzelnen IT-Applikationen auf unterschiedliche Systeme verteilt werden, die alle durch Firewalls voneinander abgeschottet sind. (4)

Privates Surfen am Arbeitsplatz kostet die Unternehmen viel Geld

Unternehmen können manchmal viel Geld sparen, wenn sie den Zugriff ihrer Beschäftigten auf das Internet beobachten und kontrollieren. Abhilfe können Content-Security-Systeme schaffen, die den Zugang auf unerwünschte Web-Adressen sperren, sowie Inhalte kontrollieren und illegale oder ungewollte Aktivitäten blockieren. Derartige Systeme überwachen außerdem den elektronischen Mail-Verkehr im Hinblick darauf, ob Betriebsgeheimnisse verraten werden, schützen vor Viren und Spam.

Die Filter von Firmen wie Cobion oder Webwasher basieren auf laufend aktualisierten Datenbanken, Cobion nennt eine Zahl von 2,1 Milliarden Internet-Seiten, die erfasst sind. Täglich durchsuchen vollautomatische "Webcrawler" rund um die Uhr das Web und systematisieren nach Bild- und Textanalyse die Seiten in 58 Kategorien wie Sex, Drogen, Hass/Diskriminierung oder auch Musik, Chat oder Online-Shopping. Die Datenbank enthält 15 Millionen indizierte Seiten.

Nicht alleine der betriebliche Produktivitätsverlust sollte die Geschäftsführer und Vorstände dazu bewegen, derartige Filter im Unternehmen einzusetzen, sondern auch Haftungsfragen, sofern extremistische, pornografische oder auch urheberrechtlich geschützte Inhalte vom Personal aus dem Web geladen und verbreitet werden. Content Security ist einer der am schnellsten wachsenden IT-Märkte. (5)

Gerade urheberrechtlich geschützte Inhalte wie z. B. Musikdownloads beschäftigen die Musikindustrie. Gerade hat die deutsche Phonobranche ein elektronisches Rundschreiben an mehr als 1000 große Unternehmen und Behörden versandt, in dem sie die Unternehmen auffordert, durch geeignete Maßnahmen stärker gegen den Musiktausch am Arbeitsplatz vorzugehen. Es werden gerichtliche Maßnahmen, Schadensersatz und möglicherweise strafrechtliche Verfolgung angedroht. Die Phonoverbände fordern die Unternehmen auf, die elektronischen Schutzmauern um ihre Firmennetze so zu programmieren, dass in ihrem eigenen Interesse alle illegalen Angebote herausgefiltert werden. Nicht nur rechtliche Schritte seitens der Phonoindustrie seien zu befürchten, sondern auch Viren, durch das Herunterladen von Musik. (6)

Fallbeispiele

Kinder müssen vor der Vielfalt des Internets geschützt werden. Insbesondere pornografische oder Gewalt verherrlichende Inhalte sollten für sie nicht zugänglich sein. Es gibt verschiedene Schutzmechanismen, die den Zugang zum Rechner kontrollieren und begrenzen durch ausgeklügelte Benutzerverwaltungen, die auch in den neueren Windows-Betriebssystemen schon installiert sind. Zeitliche Beschränkungen sowie detaillierte Nutzerprotokolle stellen somit kein Problem dar, schützen aber auch nicht vor dem Zugang zu unerwünschten Inhalten. Wesentlich wichtiger sind die Filterfunktionen, die z. B. im Internet Explorer-Browser vorinstalliert sind oder die, die zusätzlich beschafft werden können. Diese Filter arbeiten mit Stichwortlisten, gemäß denen Internetseiten blockiert werden können.

Probleme dieser Filtersysteme sind, dass sie entweder auf einer freiwilligen Klassifizierung der Webseiten von Seiten der Anbieter basieren, oder aber, dass präzise Filterdatenbanken wie die der ICRA (Internet Content Rating Association; www.icra.org) nur einen geringen Anteil der Internetseiten überhaupt erfasst und kategorisiert hat. Somit werden bei aktivem Inhaltsratgeber auch alle Seiten herausgefiltert, die nicht klassifiziert sind, worunter z. B: auch die Seiten von Google oder PC-Shopping gehören.

Neben den Spam-eindämmenden Aktivitäten von einigen Dienstleistern wie auch Unternehmen (z. B. Yahoo, AOL, Symantec) haben sich auch verschiedene Gremien gebildet, die sich dieses Problems annehmen wollen. Die IETF (Internet Engineering Task Force) hat die Anti Spam Research Group ins Leben gerufen, die Methoden zur Eindämmung entwickeln soll. In Deutschland hat sich der Verband der deutschen Internet-Wirtschaft Eco dazu entschlossen, verstärkt gegen die schwarzen Schafe der Werbeindustrie vorzugehen. So müsse die im Juli vergangenen Jahres vom Europäischen Parlament verabschiedete "Richtlinie für den Schutz persönlicher Daten und der Privatsphäre auf dem Feld der elektronischen Kommunikation" umgehend in nationales Recht umgewandelt werden. Danach darf auch E-Mail-Werbung von Unternehmen nur noch verschickt werden, wenn der Empfänger vorher explizit zugestimmt (Opt-In wie bei SMS-Mailings) hat. (3)

Anfang Januar 2003 hat sich der 376 Byte umfassende Wurm "Slammer" in nur zehn Minuten auf 90 Prozent aller 160 000 weltweit infizierten Rechner ausgebreitet. Gemäß Schätzungen der britischen Firma mi2g wurde dabei ein Gesamtschaden von 1,2 Milliarden Dollar verursacht. Der Wurm nutzte dabei eine seit sieben Monaten bekannte Schwachstelle im SQL Server von Microsoft, für die es aber seit dem 24. Juli 2002 einen Patch gab (der aber offensichtlich nur selten installiert worden war). (8)

Laut der Firma Symantec ist der Internet Explorer von Microsoft als marktführender Browser ein Angriffsziel von zahlreichen bedrohlichen Manipulationen. (2)

Anfang Februar haben Hacker einen Weltrekord aufgestellt, indem sie acht Millionen Kreditkartennummern gestohlen haben. Betroffen waren der US-amerikanische Finanzdienstleister Data Processors International (DPI) sowie die Kreditkartenunternehmen Visa, Mastercard, American Express und Discover Card. Allerdings seien die persönlichen Informationen der bis zu acht Millionen betroffenen Menschen unversehrt geblieben, so dass sie auch nicht einzeln kontaktiert werden müssten. (10)

Weiterführende Literatur

(1) SIZ-Produkte und Dienstleistungen als Antwort auf steigende Sicherheitsanforderungen
aus Betriebswirtschaftliche Blätter, März 2003, Nr. 03, S. 112

(2) Hacker finden immer mehr Schwachstellen in den Schutzmauern der Firmennetze
aus Frankfurter Allgemeine Zeitung, 10.02.2003, Nr. 34, S. 15

(3) Werbe-Mails werden zur Bedrohung Erstickt das Internet im Müll?
aus Computerwoche, 28.03.2003, Nr. 13, S. 12-13

(4) Gefahren- Zone
aus Lebensmittel Zeitung Spezial Nr.01 vom 07.03.2003 Seite 070

(5) Wie Unternehmen auf Moorhuhn-Jagd gehen Software kontrolliert privates Surfen im Büro / Content-Security-Markt wächst
aus Frankfurter Rundschau v. 17.03.2003, S.9

(6) Schreibtischtäter im Visier
aus Frankfurter Allgemeine Zeitung, 14.02.2003, Nr. 38, S. 18

(7) Umfrage unter Security-Experten Wenig Vertrauen in Sicherheit von Microsoft-Software
aus Computerwoche, 04.04.2003, Nr. 14, S. 7

(8) CeBIT-Trends/IT-Sicherheit kein Stiefkind mehr Die Bedrohungslage wird komplexer
aus Computerwoche, 14.03.2003, Nr. 11, S. 48-49

(9) In mittelständischen Unternehmen fehlt Security-Wissen Sicherheit muss die zentralen Geschäftsprozesse unterstützen
aus Computer Zeitung, Heft 8, 2003, S. 18

(10) Der elektronische Handel wächst trotzdem Betrug im Internet hat Konjunktur
aus COMPUTERWOCHE Nr. 09 vom 28.02.2003 Seite 12-13

Impressum

Der IT-Markt stagniert - Die Bedeutung von IT-Security nimmt zu

Bibliografische Information der deutschen Nationalbibliothek

Die Deutsche Nationalbibliothek verzeichnet diese Publikation in der deutschen Nationalbibliografie; detaillierte bibliografische Daten sind im Internet über http://dnb.d-nb.de abrufbar.

ISBN: 978-3-7379-0417-9

© 2015 GBI-Genios Deutsche Wirtschaftsdatenbank GmbH, Freischützstraße 96, 81927 München, www.genios.de

Alle Rechte vorbehalten. Dieses Werk ist einschließlich aller seiner Teile – z.B. Texte, Tabellen und Grafiken - urheberrechtlich geschützt. Jede Verwertung außerhalb der Grenzen des Urheberrechtsgesetzes bedarf der vorherigen Zustimmung des Verlags. Dies gilt insbesondere auch für auszugsweise Nachdrucke, fotomechanische

Vervielfältigungen (Fotokopie/Mikroskopie), Übersetzungen, Auswertungen durch Datenbanken oder ähnliche Einrichtungen und die Einspeicherung und Verarbeitung in elektronischen Systemen.